पेपलो चमार

पेपलो चमार

(राजस्थानी भाषा का पहला दलित काव्य-संग्रह)

मूल एवं हिन्दी अनुवाद

उम्मेद गोठवाल

वाणी प्रकाशन

वाणी प्रकाशन
4695, 21-ए, दरियागंज, नयी दिल्ली 110 002
शाखा
अशोक राजपथ, पटना 800 004
फ़ोन : +91 11 23273167 फ़ैक्स : +91 11 23275710
www.vaniprakashan.in
vaniprakashan@gmail.com
sales@vaniprakashan.in

PEPALO CHAMAR
Scripted & Translated by Ummed Gothwal

ISBN : 978-93-87330-00-9
Collection of Poems

प्रथम संस्करण

मूल्य : ₹ 295

सिटी प्रेस, दिल्ली-110 095 में मुद्रित

वाणी प्रकाशन का लोगो मक़बूल फ़िदा हुसेन की कूची से

उनको
जो
मन्दिर में
स्थापित
देवताओं की तरह
सदियों से
मूक हैं...

अनुक्रम

पेपलो चगार 1	9
पेपलो चमार-2	12
पेपलो चमार-3	13
पेपलो चमार-4	15
पेपलो चमार-5	16
रोटी नाम सत है-1	18
रोटी नाम सत है-2	20
अभी घुप्प अँधेरा है-1	22
अभी घुप्प अँधेरा है-2	24
अभी घुप्प अँधेरा है-3	26
अभी घुप्प अँधेरा है-4	28
अभी घुप्प अँधेरा है-5	31
अभी घुप्प अँधेरा है-6	33
अभी घुप्प अँधेरा है-7	34
जाति-1	35
जाति-2	36
जाति-3	37
जाति-4	38
जाति-5	39
जाति-6	40
चमार होने से अच्छा है!	42
फ़ासला-1	43
फ़ासला-2	45
एक मुट्ठी प्यास	47
छाया	49

अछूत	51
तुम फिर लिखो इतिहास तो-1	54
तुम फिर लिखो इतिहास तो-2	57
उनके नाम जिन्हें झुकने की आदत है	59
हे राम	62
आदमी	63
खिलाफ़	64
तोड़ो कारा तोड़ो	66
कब तक	68
अभी कितना अँधेरा है	69
मुक्ति	71
आरक्षण	73
छल	76
कौन बाँटता है	79
दीवार	81
छोटा-सा एक गाँव	83
मुक्ति जहाँ क़ैद है	84
बचाव	85
जंगल	87
चक्रवृद्धि ब्याज	89
एकता	91
हर जगह	92
श्रद्धा	94
मजबूरी	96
मार्ग	98
दलाल	99
योजनाएँ	100
फ़िक्र	101
बदलाव	103
शिकार	104
डर	106
पत्थर	108
जगह	110
आख़िर कब तक	111

पेपलो चमार-1

पेपलो चमार
महज़ एक कल्पना है
कपोल कल्पना

इस किताब का
किसी जीवित
किसी मुर्दा से
कोई सम्बन्ध नहीं है
ये महज़ कल्पना है
कपोल कल्पना

इस किताब में
व्यक्त-अव्यक्त
पात्र
घटना
दृश्य
कभी विद्यमान नहीं रहे
ये महज़ कल्पना है
कपोल कल्पना

इस महान देश में

सभ्य-सुसंस्कृत
नागरिकों के बीच
ऐसा कुछ भी
यथार्थ घटित होना
सत्य नहीं लगता
ये महज कल्पना है
कपोल कल्पना

ये देश विश्व गुरु
संस्कृति और अध्यात्म का
सिरमौर
उदात्त मानवीय मूल्यों का
सृजक-वाहक
विश्व समुदाय जब इसकी ओर
आशा और विश्वास की
दृष्टि से देखता हो
तब ऐसे देश में
पेपलो चमार
महज एक कल्पना है
कपोल कल्पना

ये सब मिथकीय ही है
कि इस महान देश में
प्रकृति की सर्वोत्तम कृति
मानव को कभी
प्रवेश करते हुए
किसी नगर में
बजाना पड़ा हो ढोल
अपने गले में
बाँधना पड़ा हो तगरा

कमर पर झाड़ू
कि जिसके थूकने से
कि जिसके क़दमों के निशान से
मैली ना हो जाये
ये पावन धरा
कि जहाँ सदियों से
मन्दिर के कंगूरे में ही
ढूँढ़नी पड़ी हो मुक्ति

सिर पर मैला
ढोते हैं नर कंकाल
जहाँ आज भी
एक आबादी
करती है विचार
क्या इन्सान नहीं होता है
कोई चमार!

छोड़ो ये सब बातें
ऐसा भी कहीं होता है क्या
ये महज कल्पना है
कपोल कल्पना

पेपलो चमार-2

ग्लोब पर
सूई की नोक जितना
छोटा-सा एक गाँव

गाँव के किनारे
उपेक्षित
मलिन बस्ती में
एक छोटा-सा ठाँव
जिसमें रहता है
एक दुखी अपार
नाम है उसका
पेपलो चमार।

पेपलो चमार-3

उसकी नीली
आँखों में
समन्दर का
दर्द है
उसके चेहरे की
झुर्रियों में
एक इतिहास
दर्ज है।

उसके होंठों की
पपड़ी में
मरुस्थल की
प्यास है
उसके थके
क़दम हैं
टूटती-सी
आस है
वो ज़िन्दा है,
कि मरा है
कि बची
उसमें

साँस है।

वो सदियों से
तपा है
वो दलदल में
पगा है
तिकड़म-जाल से
हरदम ठगा है

वो तुम्हारे
षड्यन्त्रों
साजिशों का
शिकार है
वो दुख है,
कि इन्सान
कि कोई विकार है
वो समाज का हिस्सा है
कि समाज का खँखार है
वो छोटे-से गाँव का
अदना-सा
चमार है।

पेपलो चमार-4

पहाड़ से दिन हैं
सदियों सी रात है
ना संगी, ना साथी
ना किसी से बात है,

वो क़ैद-ए-उम्र की
सज़ा काटता है
वो दुखियों के बीच भी
दुख बाँटता है

वो फोड़ा है, नासूर है
नकारा है बेकार है
वो छोटे-से गाँव का
अदना-सा
चमार है।

पेपलो चमार-5

है छोटी-सी कुटिया
ना कोई परिवार है
खेती ना धन है
ना कोई व्यापार है

ना बर्तन ना कपड़े
ना बिछौना तैयार है
दो वक़्त की रोटी
तीज-त्योहार है,

वो तुम्हारे दिये
जख़्म ढोता है
वो इन्सानी पैदाइश है
सोचकर रोता है,

हिस्से में उसके
घनघोर अँधेरा है
वो रात का मुसाफ़िर है
ना उम्मीद है
ना सवेरा है,

उसे ज़िन्दगी भर
यूँ ही घुटना है
देह से दिल से
रोज़ टूटना है
वो तुम्हारी लिखी
ज़िन्दगी जी रहा है
वो दर्द के आँसू
रोज़ पी रहा है।

वो तुम्हारा ही मारा
दुखी है, बेजार है,
वो छोटे-से गाँव का
अदना-सा
चमार है।

रोटी नाम सत है-1

जी, ज्ञानी जी!
पेपलो चमार
इस जगत पूजनीय देश का
सभ्य नागरिक
कहीं से भी नहीं लगता

वो ये नहीं जानता कि
बिजली से भी चलती है
रेलगाड़ियाँ
वो ये नहीं जानता कि
रोज़ तारों के बीच
टिमटिमा कर
गुज़रती जहाज़
कहीं उतरती भी है!

वो नहीं जानता
सकल घरेलू उत्पाद
वो नहीं जानता
चमचमाती इठलाती दिल्ली
वो नहीं जानता
सहिष्णुता की बहसें

वो नहीं जानता
शिक्षा-स्वास्थ्य की
सरकारी योजनाएँ।

वो जानता है
कि जीवन का सबसे बड़ा सच
भूख ही होती है,
वो जानता है
कि जब खुद को
मिट्टी में खपायेगा
तभी दो जून की
रोटी पायेगा।

रोटी नाम सत है-2

राष्ट्रीय औसत के हिसाब से
आधी उम्र गुजार चुका
पेपलो चमार,

अपने तमाम अनुभव से
यही जान पाया है कि
जीवन का सबसे बड़ा सच
दो जून की रोटी है,

गाँव उसकी दुनिया है
वो अनभिज्ञ है
देश की तरक्की से,
वो नहीं जानता
सरकारी योजनाओं का
मकड़जाल,
वो नहीं जानता
बीपीएल किस
चिड़िया का नाम है,

वो नहीं जानता
उसी के लिए बनी
सरकारी योजनाओं से
इस साल किसका

होगा कल्याण,
कौन प्लॉट ख़रीदेगा
किसका बनेगा मकान,
किस की बीवी के लिए
कौन-सा हार आयेगा,
किस का बच्चा
किस कॉन्वेंट स्कूल में
दाखिला पा जायेगा,
वो नहीं जानता
किसके पेट ने
कितने रुपये हज्म किये हैं,
वो यह तक भी नहीं जानता
कि सुबह-सुबह
एक बाबा दो-दो चैनलों पर
कालेधन की चर्चा करता है,

वो ये भी नहीं जानता
वादों पर सवार होकर
नयी सरकार आयी है,
वो नहीं जानता कि
देश की आबादी
एक सौ इक्कीस करोड़ हो गयी है,
वो खाद्य सुरक्षा विधेयक को भी
नहीं जानता,

वो महज़ इतना ही जानता है कि
सुबह से साँझ तक
अपना सिर
मिट्टी में मिलायेगा
तभी दो जून की
रोटी पायेगा।

अभी घुप्प अँधेरा है-1

जी, ज्ञानी जी!
वजह फरमाते हो आप,
माई-बाप हैं हमारे आप
ये पुश्तैनी हक है आपका
ठहाका लगाओ
नीबू व नीच को
निचोड़ने पर ही
निकलता है रस,

रस
बहुत पसन्द है न आपको?
नीच बिना नीरस
हो जाते हो आप,
सदियों से माई-बाप
धरती आपकी
आकाश आपका
चाँद, सूरज, तारे
सारे आपके सारे
पानी आपका
हवा आपकी

नीच की जवानी आपकी
नीच की ज़िन्दगानी आपकी,

आपकी व्यवस्था में
गाय-गौमूत्र-गोबर
पवित्र हो सकते हैं
पर नीच जात
उसके लेखे लात
सिर्फ़ लात।

अभी घुप्प अँधेरा है-2

माई-बाप!
आरक्षण दिये हो आप
कहते हो
बैसाखी है बैसाखी
डेढ़ टाँग वालों की,

आप फरमाते हो
दौड़े हुए के बराबर
खड़ा कर कुछ लोगों को
दौड़ा माना जाये,
वजह फरमाते हो आप
माई-बाप!

आप ही बताइये माई-बाप!
कौन दो टाँग वाला
चाहता है बैसाखी
वह तो रेंगना छोड़
दौड़ना चाहता है
सरपट दौड़ना!

वह तो अपने हिस्से के

धरती-आसमाँ
हवा-पानी
चाँद-सूरज, तारे
सब कुछ चाहता है
वो चाहता है
जब चाँद और मंगल पर
बस रही हों बस्तियाँ
तब इसी धरती पर
हुजूर
इसी धरती पर
खाट पर बैठने के लिए भी
ना करना पड़े
आन्दोलन,

बैसाखी
आपको मुबारक,
वह तो सदियों से मुड़ी
आधी टाँग को
कर सीधा
खड़ा होना चाहता है
तनकर
तीर-सा
तनकर।

अभी घुप्प अँधेरा है-3

जी, ज्ञानी जी!
आरक्षण की बैसाखियों पर
लँगड़ाते हुए
पहुँच गये हैं
बहुत सारे
हर महकमे में,
वो नहीं हैं काले
ना ही मैले कुचैले,

वो तो हैं
अपने काम में रत
सदियों से कर्मठ
वो जानते हैं
दुगुनी करनी होगी मेहनत
स्वीकार्यता के लिए

वे नहीं ला सकते
कोई नवाचार
नयी पहल,
माई-बाप!
वो तो आप कर सकते हैं,

अगर कोई लाँघ रहा हो मर्यादा
तो आप हैं ना
आप जातिसूचक
कहावतों को दोहरायेंगे
उसकी सुन्दरता को
किसी सिद्ध पुरुष का
तीर्य बतायेंगे

और फिर भी नहीं रुके तो
किसी मूलचन्द की
ऊ की मात्रा हटायेंगे
ठहाका लगायेंगे
ताली बजायेंगे
हाँ
ताली बजायेंगे!

अभी घुप्प अँधेरा है-4

जी, ज्ञानी जी!
ये भी कोई कविताई है?

महज सपाटबयानी
कविता नहीं होती
कविता का अपना
शिल्प होता है
सौन्दर्य होता है,

पहले सीखो ज़रा
रस, गुण, छन्द, अलंकार
पकड़ो आन्तरिक लय को
केवल कथ्य से
नहीं बनती कविता
या किसी घटना से
कहानी।

जी, ज्ञानी जी!
वजह फरमाते हैं आप
कुछ ओहदे सदियों से
आरक्षित हैं

किसी अकादमी में
किसी संस्था में,

वहाँ भूल से भी आ जाये
हाशिये की आवाज़
तब आप अपनी ही प्रजाति से
उसकी समीक्षा करवायेंगे
समाज की समरसता के लिए
उसे बड़ा खतरा बतायेंगे
रिजेक्ट करवायेंगे
हाँ रिजेक्ट करवायेंगे
मन्द-मन्द मुस्कुरायेंगे,

सुनो ज्ञानी जी!
काव्यांग और कविता
भले ही उन्हें
नहीं आती है
वो जानते हैं कि
अभिधा की व्यंजना भी
दूर तक जाती है।

जो सदियों से
वंचित हैं
उपेक्षित हैं
हाशिये पर हैं
उन्हें कब तक दबायेंगे?

वे अपने शब्दों को
कर पैना, नुकीला
बार-बार आयेंगे

वे अपने शब्दों में भर बारूद
बार-बार आयेंगे
आप रोको
वे नहीं छोड़ेंगे आना
वे आयेंगे
बार-बार आयेंगे।

अभी घुप्प अँधेरा है-5

जी, ज्ञानी जी!
आप जन्मना श्रेष्ठ हैं
पूजनीय हो,
गर्भ में ठहरते ही
खुल जाते हैं अन्तर्चक्षु
मिल जाता है
कैवल्य,

आप ने ही धर्मशास्त्रों में लिखा है
दस वर्षीय ब्राह्मण
सौ वर्षीय क्षत्रिय से श्रेष्ठ है,
फिर माई-बाप!
आप किसी शूद्र का हुक्म
कैसे बजायेंगे
उनकी गाड़ी कैसे चलायेंगे?

जातीय दम्भ दिखायेंगे
किसी मन्त्री के पास जायेंगे
अपनी पगड़ी की शान
मूँछों का ताव दिखायेंगे

चारों तरफ़ देखकर अपनी बिरादरी
फरमायेंगे
कुछ भी हो
किसी ढेढ़ का
हुक्म नहीं बजायेंगे।

अभी घुप्प अँधेरा है-6

जी, ज्ञानी जी!
आज़ादी के बाद सब कुछ
बहुत तेज़ी से बदला है,
शहर मेट्रो में तब्दील हो गये हैं
उग आये हैं कंक्रीट के जंगल
आलीशान मॉल
मल्टीप्लेक्स सिनेमाघर
चमचमाती गाड़ियों की रेलमपेल
चुँधियाती रोशनियाँ
विकास की होड़ में
एक-दूसरे को पीछे छोड़ने की
छटपटाहट भरे लोग,

जी, ज्ञानी जी!
विकास के इन प्रतिमानों
परम आधुनिक
व्यक्तियों के बीच
किराये का मकान पाने में भी
बेबस
लाचार हूँ
क्योंकि
मैं चमार हूँ।

अभी घुप्प अँधेरा है-7

जी, ज्ञानी जी!
आरक्षण की बैसाखियों पर
सवार कुछ लोग
पहुँच गये
आपके अगल-बगल
सदियों की हीनता में
छुपाये अपनी
पहचान।

आपकी शातिराना नज़र से
कैसे बचते वे,
आप जानते हैं उनका इतिहास
उनकी रीढ़ की क्षमता
उनके भीतर पसरा डर।

महकमा कोई भी हो
आप के भीतर का
धूर्त भेड़िया जानता है
मेमने की मासूमियत।

डरे हुओं को डराओगे
उन्हीं को काम में खपाओगे
ज्ञानी जी! आप तो
मौज ही मनाओगे।

जाति-1

जाति
दैवी उत्पत्ति नहीं है
देवताओं की तरह,
रचा गया
धूर्त षड्यन्त्र है
जो सदियों से
जारी है,

ये वो असली
हथियार है,
जो मेरी
सारी योग्यताओं पर
करारी मार है।

जाति-2

मेरे रंग पर
मेरे रूप पर
मेरे पहनावे पर
मेरी तमीज़ पर
मेरी बुद्धि पर
मेरे ज्ञान पर
मेरे व्यक्तित्व पर
मेरे समूचे अस्तित्व पर
बहुत बड़ा प्रश्नचिह्न है
मेरी जाति।

जाति-3

बीच सफ़र में
सार्वजनिक बहसों में
मेरा व्यक्तित्व
मेरा ज्ञान
कर दरकिनार,
बातचीत
बहस का प्रकार
निर्धारित करती है
मेरी जाति।

जाति-4

सदियों से
बना रखे हैं
क़िस्से-कहानियाँ
लोकोक्ति-मुहावरे
एक हथियार की तरह,

कि वर्तमान तक
फड़फड़ाये कोई पंख
कोई लाँघे
अदृश्य लक्ष्मण रेखा
तो ये क़िस्से-कहानियाँ
लोकोक्ति-मुहावरे
है ना
धकेलने के लिए
जातीय हीनता की
अन्धी गुफ़ा में।

जाति-5

नहीं जानता
ऋग्वेद के
दसवें मण्डल के
पुरुष सूक्त के
विराट पुरुष को,
नहीं मानता
कि उसके चरणों से
उपजा होगा
शूद्र।

ज्ञानी जी!
ये विराट पुरुष और शूद्र
उसी धूर्त मनोवृत्ति की
उगज है
जो आज भी सींचती है
जड़ों में ज़हर
कि सदियों का बंजर
हरिया ना जाये।

जाति-6

जी, ज्ञानी जी!
आप में हो सकता है
जातीय गौरव,
आप बता सकते हैं
अपनी जाति का गर्वीला
इतिहास,

मेरी सदियाँ
रही हैं संघर्ष की
विद्रूपताओं की
इसी कारण
ज्ञानी जी! जब
बड़ी कुटिलता से
किसी सार्वजनिक सभा में
पूछ लिए जाने पर जाति–
ख़ून सर्द हो जाता था
हलक से नहीं निकलती थी ज़बान,

सुनो ज्ञानी जी!
अब मैं जान गया हूँ
मेरी सारी विद्रूपताएँ

मेरी तमाम विसंगतियाँ
तुम्हारी ही साजिश थी
अब पूछना कभी
मेरी जाति
उसी वाहियात मुस्कान के साथ,
अब नहीं पड़ेगा मुझ पर घड़ों पानी
अब नहीं उखड़ेगी मेरी श्वास
खींच कर अपना सारा दम
चिल्लाकर कहूँगा
हाँ,
हाँ, मैं चमार हूँ।

चमार होने से अच्छा है!

सुन पेपला!
चमार होने से अच्छा है
कुछ भी होना
चिड़िया होना
काग होना
तोता होना
कबूतर होना
भले ही सबकी नियति में हो
किसी का
शिकार होना।

चाहे तो बलि का बकरा ही होना
कसाई का भैंसा ही होना
परन्तु चमार
कभी मत होना।

मौत का तय है
एक दिन
यूँ तिल-तिल
रोज़ मरने से अच्छा है
एक दिन
समूचा मर जाना।

फ़ासला-1

सुन पेपला!
मानव सभ्यता की
हड़प्पा कालीन बस्तियों की
खुदाई में भी
नगर के दो भाग मिले हैं,
कुलीन पश्चिमी टीला व
सामान्य पूर्वी टीला
सत्ता पर वही
पुरोहित वर्ग का आधिपत्य।

सदियाँ गुज़रीं
सभ्यताएँ खप गयीं
पहाड़ बदले
नदियाँ बदलीं,
धरा बदली
कितने ही ताज बदले।

ना पश्चिमी टीला बदला, ना पूर्वी
ना तू बदला
ना हालात बदले।

सुन पेपला!
कितनी सदियाँ और चाहिए
कुछ क़दमों का फ़ासला
मिटाने के लिए।

फ़ासला-2

“सुन पेपला!
कुछ नहीं होगा
किसी चौधरी की”
चारपाई की
दावणो पर बैठकर
साथ में हुक़्क़ा पीने से भी
कुछ नहीं बदलेगा,

किसी मन्दिर की
देहरी पर
माथा टेकने से
मनौतियों से
नहीं पसीजता
पंडित का दिल।

किसी ठाकुर की हवेली से
नहीं आयेगा न्यौता

इतिहास साक्षी है
कोई नहीं उतरेगा
आसमान से,

'यदा यदा हि धर्मस्य' का
अवतारी भी नहीं आयेगा
तुझ म्लेच्छ के लिए।

ये धर्म और राजनीति के गठजोड़ की
सारी कवायद
यथास्थिति के लिए ही है।

ये सदियों का फ़ासला
मिटाने के लिए
तू भी इन्सान है
जताने के लिए
तुम्हें खुद ही
उतरना होगा
इस सियाह रात में
मशाल की तरह
जलना होगा।

एक मुट्ठी प्यास

सुन पेपला!
रेगिस्तान में
एक घड़ा पानी भी
समन्दर है,

गाँव में मीठे पानी का
एक ही था कुआँ
दो पाड़छे
पहले सवर्णों के पाड़छे में
भरता था पानी
उसी में होता था
धरती के देवताओं के चरणों का प्रक्षालन
उसी में पीते थे
पशु पानी।

सुबह से साँझ
चमारों के मोहल्ले की पनिहारी
खींचती थी लाव
सवर्णों की
तब चमारों के पाड़छे में
पहुँचता था पानी।

स्थगित थे
दिन भर के काम
मुट्ठी-भर
प्यास के लिए।

छाया

छुटपन में
हौवा थी, खुद की ही
छाया,

काली काली

दिन भर पीछा करती
फिर रात हो जाती थी,

अल्हड़ता के दिनों में
सहचरि हो गयी थी छाया,
मझ दुपहरी में
खेतों की भटकन हो
या गाँव की गलियों में
वो तपन को शीतलता
सौंपती थी,

गाँव की चौपाल में
छाया ही तो थी
जो छू गयी थी
उस बड़ी मूँछों वाले चौधरी के

मार के साथ निकली थी गाली
साला ढेढ़!

सुन पेपला!
मिट गये होंगे
तुम्हारी देह के वे निशान
मैं आज भी किसी के पास
खड़ा होने से पहले
परखता हूँ दिशा
अपनी ही
छाया की।

अछूत

हे क्रान्तिपुरुष
तुम्हारा पदार्पण
महान हलचल था
जिसने तरंगित कर दिया
वर्षों से शान्त
समाज रूपी समुद्र को,

तुम लाये थे
समता का सन्देश
तभी तो जान पाये
सदियों से उपेक्षित
शोषित, दमित, दलित
कि वे भी मानव हैं,

तुम्हीं ने सम्भव बनाया
सदियों से वर्जित
मन्दिर, कुएँ, तालाब, बावड़ी की
देहरी को लाँघा जा सकता है,
कि मन्दिर के कँगूरे के
दर्शन मात्र से
नहीं मिलेगी मुक्ति,

संघर्ष से शिक्षा से
मिलेगी मुक्ति।

मुक्ति
उस हीनता की ग्रन्थि से
जो नहीं रहने देती स्वाभाविक,
मुक्ति
कुंठा, विद्रूपता, विसंगति से
जो जन्म से
ढाँचे के साथ
खाल की तरह
चिपक जाती है,

तुम जानते थे कि
पैदाइश,
परिवार,
परवरिश,
पैसा
और प्यार
से गढ़ा जाता है
व्यक्तित्व,

पर
पैदाइश के साथ जाति थी
परिवार के साथ मिलीं विसंगतियाँ
परवरिश के रूप में अँधेरा, वर्जना
सम्पत्ति के नाम पर
पीढ़ियों का कर्ज़
बूढ़े लाचार माँ-बाप

बिन ब्याही बहनें
सीलन-घुटन-बदबू से युक्त घर
जिसकी गन्ध पसरी रहती है
ज़िन्दगी के
एक छोर से दूसरे छोर तक,

तुम जानते थे सब
इसीलिए रचीं व्यवस्थाएँ
कि सदियों से
उपेक्षित
अहसास कर सके
अपने वजूद का,

तुम्हीं दे गये मन्त्र
शिक्षा-संगठन-संघर्ष का,

इधर के समय को
देखकर लगता है
शिकार हो गये तुम
गहरी साजिश का
तुम्हारे तथाकथित
अपने ही लोगों ने
करवा लिया
तुम्हारा पेटेण्ट
सरकारी इमारतों
और दलित घरों को छोड़कर
स्वर्ण घरों की बैठकों में
तुम आज भी हो
अछूत।

तुम फिर लिखो इतिहास तो-1

जी, ज्ञानी जी!
खारिज कर
स्थापित मान्यताओं को
आप नये सिरे से
लिखना चाहते हैं
इतिहास,

कौनसा इतिहास
जो तुर्कों, मुग़लों के
आश्रय में लिखा गया
जो ब्रितानिया साम्राज्य में लिखा गया
या राजपूताना में चारणों ने लिखा

इन सब से परे
भले ही स्थापित करो
नयी मान्यताएँ
तमाम तर्कों व साक्ष्यों के बावजूद
ना मानो चाहे
मौर्य वंश को शूद्र
चाहे खारिज कर दो
अकबर के जन्म की वैधता,

चाहो तो पलट दो
हल्दीघाटी के युद्ध का निर्णय
कबीर को बताते रहो
हिन्दू,
पर सुनो ज्ञानी जी!
इस बार लिखना
उन आवाज़ों को भी जो
सदियों से मूक हैं,
किसी राजा की
शौर्यगाथा लिखो तो
सैनिकों के दर्द को मत भूलना,
किसी की शिल्पगत
उपलब्धियाँ लिखो तो
मज़दूरों की पीड़ा मत भूलना,
किसी राजा की आर्थिक समृद्धि लिखो तो
किसानों, बुनकरों को मत भूलना,

इन सब को ठुकराकर
मत लिखना
प्राचीन भारत जैसा
तथाकथित
स्वर्णिम इतिहास
वर्ण व्यवस्था की
श्रेष्ठता
सब कुछ देने वाला
कल्पवृक्ष
मनोकामना पूर्ण करने वाली
कामधेनु
शस्य श्यामला धरा,

ज्ञानी जी!
कुतर्कों से मत समझाना कि
कोई स्वेच्छा से
गले में बाँधता था ढोल
आदमी स्वेच्छा से
ढोता है टट्टी
एक छोटे-से गाँव का
अदना-सा पेपलो चमार
अपनी ही मर्ज़ी से भोगता है
इसी धरती पर
नरक।

कुछ तो शर्म दिखाना
मत दोहराना
कि देश
सोने की चिड़िया था
मत दोहराना
कि अंग्रेज़ों से पहले
नहीं पड़ते थे
अकाल,
मत लिखना कि
आकाश में
है कोई दाता
सबके भाग्य का
वही है विधाता,

सुनो ज्ञानी जी!
छोड़ो ये बेकार की बातें
मरे हुए जानवरों का मांस
कोई स्वेच्छा से नहीं खाते।

तुम फिर लिखो इतिहास तो-2

सुनो ज्ञानी जी!
शहर के मुकुट से सुशोभित
ये गगनचुम्बी महल
सैलानियों के सम्मुख
असंख्य बार दुहराते हो
किताबों में लिखी
एक ही गौरव गाथा!

वही शूरवीरता के
तमाम घिसे-पिटे क़िस्से
राजा की कलाप्रियता,
उसकी प्रतिकृति वह महल,
विगतवार
उसके बनने का इतिहास,
बेलबूटे,
बेहतरीन नक़्क़ाशी,

दिखाते हुए
पीढ़ियों के गौरव से
चमक उठती हैं
आपकी आँखें,

सुनो ज्ञानी जी!
मुझे तुम्हारे महलों में
नहीं दिखता
कोई गौरव,
ये कलात्मकता भी
तुम्हें ही
मुबारक!

मुझे इन महलों की दीवारों पर
दिखते हैं
लहूलुहान हाथ
दिखती है
बेबसी-बेगारी
भूखे जिस्मों पर
खौफ़ की लकीरें,

हर क़िले की नींव में
दिखता है
सदियों से खड़ा
बेचैन
बेबस
एक पेपलो चमार,

ये महल
उसी के काँधे पर
टिका है,
सुनो ज्ञानी जी!
तुम्हारे इतिहास में
ऐसा भी कहीं
लिखा है?

उनके नाम जिन्हें झुकने की आदत है

मत करो
सिजदा-पाबोस
जो जहाँपनाह हो गये हैं
जिनकी आँखों पर बँधी है
धृतराष्ट्री पट्टी
और कान सदा आतुर हो
सुनने दुर्योधनी जयघोष,

उनको भी
जिनके छद्म-खूँखार
अहम् के समक्ष
तिरोहित हो जाते हैं
सत्य-स्वप्न, आकांक्षा-उम्मीदें,

सोच गिरवी हो जिनकी
किसी संकुचित
विचारधारा के अन्धकूप में,
जो अभिशप्त हो
अर्द्धसत्यों को ही देखने के लिए,
उल्लू-से विचरते हैं जो
उजालों से परे

गहन अँधेरों में,

मत करो
नमन
उनको भी
तटस्थता की खोह में
क़ैद हैं जो
बेख़बर कि
अन्याय का प्रतिकार न करना भी
उसका समर्थन ही है
जो अपने तर्कों के वाग्जाल से
मुक्ति चाहते हो
चीरहरण के साक्ष्य से,

अकड़
पैदा करो
गर्दन की नसों में
जो झुक जाती है खुद-ब-खुद
किसी पत्थर के सम्मुख
अकारण श्रद्धा से,

नमन
करना ही है तो
उनको करो
जिनके हज़ार-हज़ार हाथों की
हथेलियाँ
तुम्हारे लिए ही
खुरदरी हैं,

होना ही है

नतमस्तक
तो उनके लिए हो
जो राग-विराग से परे
समय की धड़कनों पर
लिखते रहे हैं
इतिहास।

हे राम

सुन पेपला!
नहीं पता क्या था
तुम्हारा नाम,
उसमें आगे-पीछे कहीं तो
अनिवार्यतः
लगता होगा
राम।

राम
शील-शक्ति-सौन्दर्य का
समन्वित रूप
मर्यादा पुरुषोत्तम!

खाये होंगे कभी
शबरी के जूठे बेर

सदिया गुज़रीं
पथराई आँखें

मर्यादा पुरुषोत्तम
कभी नहीं उतरा
तुम्हारे भीतर,
तुम्हारा तो सदा ही
निकलता रहा है
राम।

आदमी

पीढ़ियाँ गुज़रीं
आँधियाँ उड़ाती रहीं
बरसात डराती रही
सर्दी कँपकँपाती रही
चाँद होकर
आसमान में
टँगा रहा
पक्के मकान का सपना!

सड़क किनारे
गिरी कुछ ईंटों ने
बना लिया
आलीशान मन्दिर,

सुन पेपला!
देवता होना आसान है
चमार होना मुश्किल।

खिलाफ़

सुनो ठाकरा!
तुम्हारे गढ़ के सामने से
गुज़रते हुए
अपनी जूतियों को
नहीं रखूँगा
सिर पर,

सुनो पंडितो!
तुम्हें आता हुआ देखकर
गली किनारे
हाथ बाँधकर
नहीं हो सकता खड़ा,

सुनो चौधरी!
तुम्हारी देहरी पर
जूतियों के बीच बैठकर
नहीं खा सकता
रोटी,

ना धरती अपनी
ना धन अपना

श्रम बेचता हूँ मैं
मेरा पसीना ही है
जो सींचता है
तुम्हारे
महल, मन्दिर और खेत।

तोड़ो कारा तोड़ो

सुन पेपला!
आ देख
आ देख
मन्दिर में विराजे देवता
पत्थर ही तो है,

आ चख
आ चख
सरतरियों की
उस छोरी के हँसते होंठों पर
कितनी मिश्री है,

आ छू ले
आ छू ले
स्कूल के कुंड पर रखे
घड़ों का पानी
कि गन्धलाता नहीं
तुम्हारी प्यास से,

घुस जा

घुस जा
सदियों से वर्जित
सब जगहों में
कि चमार होने से पहले
तू मिनख है।

कब तक

सुनो ज्ञानी जी!
तुम गाय को
माता कहते हो
पूजते भी हो
कबूतरों को डालते हो
दाना
कुत्ते के लिए रखते हो
रोटी
सींचते हो
कीड़ीनगरा,

तुम्हारी तमाम संवेदनाएँ
क्यों हो जाती हैं क्रूर
जब जोंक में तब्दील होकर
चूसते हो ख़ून
किसी दलित का।

अभी कितना अँधेरा है

अपना गाँव
आदर्श सैनिक गाँव
कोई बच्चा जन्मता है तो
लोग कहते हैं
फ़ौजी जन्मा है,

सुन पेपला!
गाँव में एक तिहाई में फैली है
चमारों की बस्ती
नहीं है फिर भी
एक भी फ़ौजी,

क्या सच में
तू भी यही सोचता है कि
जिस मच्छरदानी में
मच्छर नहीं घुस सकता
उसमें कैसे घुसेगी
गोली?

सुन पेपला!
तयशुदा रास्तों पर

कहाँ बनता है
इतिहास,
नये इतिहास के लिए
बनानी होंगी
नयी पगडंडियाँ।
उठ पेपला देख
ज़ेहन में कितना
अँधेरा है
सूरज पर
किसका पहरा है,
अभी कितनी
दूर सवेरा है।

मुक्ति

ये ना टूटने वाला
तिलिस्म है
यहाँ रहस्य है
एय्यारी है
एक अभेद्य क़िला है
जिसमें चौरासी लाख योनियाँ हैं
स्वर्ग का झाँसा
नरक का डर भी
जिसके पुत्र ना हो उसे
करनी ही होती
पुम नामक नरक की यात्रा,

चार पुरुषार्थ हैं
धर्म, अर्थ, काम और गोक्ष
मोक्ष याने मुक्ति
भक्ति से मिलती है मुक्ति,

सुनो ज्ञानी जी!
ये अष्ट सिद्धि
नौ निधि
तुम्हें मुबारक,

पर सुनो!
कब तक भटकाते रहोगे
झूठी मृगतृष्णा में
एक बार तो
धर्म निभा दो
बस इतना बता दो
सदियों में फैले
इस नरक से
कब मिलेगी
मुक्ति।

आरक्षण

जी, ज्ञानी जी!
बड़ा प्रिय विषय है ना,
बार-बार
रोचक बहस कर सकते हो आप
इस मुद्दे पर,

कैसे इसने देश को
जातिवाद की संकुचितता में
धकेल दिया है
कैसे प्रतिभाएँ कर रही हैं पलायन
कैसे योग्य रह जाते हैं
अयोग्य चुन लिए जाते हैं,

आरक्षण से चुने गये डॉक्टर
कैसे ऑपरेशन के समय
मरीज़ के भीतर ही
छोड़ देते हैं औज़ार,

पिछले अड़सठ वर्षों की
ऐसी ऐसी कितनी ही
कहानियाँ हैं, दलीलें हैं,

ज्ञानी जी!
आप ही बताइये
महज इतना-सा ही है देश का इतिहास?
समतामूलक ही रहा है समाज
देश के इतिहास के पन्नों के
हाशिये देखो
वहाँ सदियों से
भूखी-प्यासी, रोती-बिलखती
कुलबुलाती-कसमसाती
पीढ़ियाँ मिलेंगी
कभी सुनना उनकी
करुण आर्त्त पुकार
वो तुम्हारी ही
साजिशों की देन है,

कभी आकर मिलो
पेपलो चमार से
झाँकना उसकी आँखों में
उसके चेहरे की झुर्रियों में
पढ़ना उसकी पीढ़ियों का दर्द
पूछना उससे कि बिना पैसे के
कैसे गुज़रता है जीवन
कि घर से बेघर होकर
अपनी जड़ों से कटकर
कैसे जिया जाता है
जीवन,

जी, ज्ञानी जी!
अपनी सदियों की

संचित पूँजी
तुम्हारी उच्चता
तुम्हारा धर्म
तुम्हारे देवता
सब पेपलो को सौंप दो
पेपला भी आपको
खुद का आरक्षण सौंपता है।

छल

सुन पेपला!
तेरे ही पिता रोपते थे
होली का प्रहलाद,
हम नहीं जानते थे
हरिण्यकश्यप
नाम के दैत्य को
ना ही किसी
नृसिंह भगवान को,

पेपला!
हमारे लिए तो
वे उत्सव-भरे सुनहरे दिन थे
चाँदनी के उजास में
लूर खेलती लड़कियाँ
गाँव के चौक में
डंफ पर जब
छेड़ी जाती थी राग
हम बह जाते थे,

झिंडिये के खेल पर
झूम-झूम उठते थे

इतना ही क्यों
जब गाँव के बिन ब्याहे
उम्रदराज की
करवाई जाती शादी
हँस-हँस कर
लोटपोट हो जाते थे,

होलिका दहन के समय
लिए जाते थे शगुन
जिस दिशा में गयी झल
उसी दिशा में होगी फ़सल,
जलती होली से
प्रहलाद को खींचकर
भागते थे कुँवारे जवान
जल्द शादी होने की
आशा में,

सुन पेपला!
हम जान गये थे
होलिका, प्रहलाद को
हरिण्यकश्यप
नृसिंह भगवान को,
कि बुराई को मरना ही होता है
एक दिन,
होता है सबका
रक्षक,
फिर शर्मीली-सी उम्मीद में
हर टोली तू ही
लेकर भागता था
प्रहलाद,

हर गुज़रते साल के साथ
धुँधलाती रही आस
गाँव के सबसे हृष्ट-पुष्ट शरीर को
पीढ़ियों का कर्ज़
जाटों के खेत खा गये,
ग़रीबी, भूख
बापू को खा गयी,

अब प्रहलाद की जगह तू
खुद को रोपता है,
जान गया है
हरिण्यकश्यप की
मक्कारियाँ, चालाकियाँ,
जानता है
तुम्हें हर हाल में जलना है
तिल-तिल रोज़ मरना है,
कि तुझे बचाने अब
नहीं आयेगा कोई
नृसिंह भगवान,

तू जानता है
हरिण्यकश्यप ही सच है
उसी के पास बल है
नृसिंह भगवान तो
यथास्थितिवाद का
सबसे बड़ा
छल है।

कौन बाँटता है

सुन पेपला!
रोज़ पूर्व से ही उगता है सूरज
पश्चिम में ही ढलता है,

एक जैसे ही टिमटिमाते हैं तारे
चाँदनी भी समान रूप से भिगोती है
एक-सी ही बहती है हवा
बादल, बिजली, बरखा एक जैसी
सर्दी की ठिठुरन,
गर्मी की तपन एक जैसी
प्रकृति में नहीं है भेद,

वो कौन है
जिसने धरा पर
खींच दी हैं लकीरें,

वो कौन है
जो इन्सान को
बाँटता है
ये मज़हब ये जाति
किसकी उपज है,

तू कुत्सित षड्यन्त्र का
फल भोगता है
चमार होने का
दण्ड भोगता है।

दीवार

आदमी आदमी में
क्या है भेद
एक जैसी जन्म प्रक्रिया
एक-सा लहू
एक-से अवयव,

किसी धूर्त साजिश ने
खींच दी
मज़हब, जाति की दीवारें,
वही धूर्त मानसिकता
मज़बूती से थामे है
उन दीवारों को,
इसी दीवार के समानान्तर
खींची जा रही हैं दीवारें
शक्ति की, सत्ता की, सम्पत्ति की
दीवारों के भीतर भी
बन रही हैं दीवारें,

सुन गेगला!
जो दीवारों की
लेते हैं ओट

यक़ीनन उनकी
नीयत में है खोट,
जो तुम्हें बरगलाता है
दरअसल वह
नयी दीवार बनाता है।

छोटा-सा एक गाँव

ये दिल्ली
नहीं है
छोटा-सा
एक गाँव है,

दिल्ली में
हिलता है
एक भी पत्ता
देश में
भूचाल आ जाता है,

इस गाँव में
भूचाल भी आ जाये
तो नहीं हिलता
एक भी पत्ता
दिल्ली में।

मुक्ति जहाँ क़ैद है

पेपलो चमार
भगवान को नहीं जानता
जैसे नहीं जानता
दिल्ली,

वो मानता है
भगवान भी होंगे
कहीं तो
जैसे है
दिल्ली,

दिल्ली भी
भगवान की तरह
खासा बड़ी है
जो
उसकी गर्दन पर
पाँव रखकर
खड़ी है।

बचाव

इस गाँव का
पूर्वी टीला
चमटीला है
पश्चिमी टीले में
विराजते हैं
धरती के देवता,

पूर्वी टीले में
बजती है थाली
पश्चिमी टीला
मनाता है खुशियाँ
आया रे देखो
एक और हाली!

पूर्वी टीले में
होती जब शादी
पश्चिमी टीला
लिखता बर्बादी,

पूर्वी टीले में
होती जब मौत

पश्चिमी टीले के
बढ़ जाते खेत,

इस तरह
पश्चिमी टीला
सदियों से
अपना धर्म
निभा रहा है
गाँव के सन्तुलन
के लिए
पूर्वी टीले को
बचा रहा है।

जंगल

इस गाँव में कभी
नहीं आयी दिल्ली
ये गाँव भी कभी
नहीं गया दिल्ली
इसके अपने कानून हैं
जैसे हर जंगल के
अपने कानून होते हैं,

पूर्वी टीले के किसी लड़के की आँख
पश्चिमी टीले की किसी लड़की के
रूप पर गड़ गयी
बात बिगड़ गयी

पश्चिमी टीले ने
पूर्वी टीले को
उसकी औकात दिखा दी
उस लड़के की देह
खेजडी से लटका दी

पश्चिमी टीले से चोरी गहने
लड़के के पिता के घर पाये गये

पश्चिमी टीले वालों का
दिल उदार था
मुक़दमा क्या करते
बेचारा चमार था।

चक्रवृद्धि ब्याज

राजनीति
सिर्फ़ दिल्ली में ही
नहीं होती
इस छोटे से गाँव में
भी होती है

पश्चिमी टीला ऊँचा है
पूर्वी टीला नीचा है
ऊपर से नीचे
बहता है पानी
वही पुरानी
भेड़िये-मेमने की कहानी
पश्चिमी टीले वालों के
अपने-अपने चमार हैं
यानी मनपसन्द शिकार है,

पूर्वी टीले वाला
लड़की की शादी के लिए
पैसे जुटायेगा
बाड़ेबन्दी में घिरकर
अपने ही भेड़िये के

पास आयेगा
वो पैसे के बदले
खेत हथियाएगा
बोनस के रूप में
हल्दी चढ़ी लड़की
रात को बुलायेगा,

दिल्ली की तो छोड़ो
गाँव में भी वे
राष्ट्रवाद निभाते हैं
नस्ल-सुधार कार्यक्रम
सदियों से चलाते हैं।

एकता

गहरा सम्बन्ध होगा
दिल्ली में और
इस छोटे-से गाँव में,

दिल्ली में रहता है
भारत
भाग्य
विधाता!

उसका प्रकाश
इस गाँव में
नहीं आता
जैसे इस गाँव का धुआँ
दिल्ली में नहीं जाता,

सुना है दिल्ली में
आजकल हिन्दुत्व का
शोर है,
वे पुरातन व्यवस्था को
फिर से लायेंगे
उस दिन
ये गाँव और दिल्ली
एक हो जायेंगे।

हर जगह

सुना है
दिल्ली में
नया राजा
बना है,

वो जब दहाड़ता है
कि साठ साल में
तुमने देश को लूटा है,
पूर्वी टीला
आक्रोश से
पश्चिमी टीले को
देखता है,

राजा जब कहता है
सबके खाते में
पन्द्रह लाख आयेंगे
पूर्वी टीले को
अपने खोये खेत
पक्का मकान
स्कूल जाते बच्चे
दिखने लगते हैं,

फिर किसी दिन
मरियल-सी
हाँफती ख़बर
आती है कि
वो महज एक
जुमला था
पश्चिमी टीला
ठहाके लगाता है,

दिल्ली हो या गाँव
हर जगह छल है
पेपलो चमार की
मुक्ति का
मौत ही
एक हल है।

श्रद्धा

अम्बेडकर को
दिल्ली
जानती है
पश्चिमी टीले में भी
सब जानते हैं
पूर्वी टीले में
कुछ लोग
मानते हैं,

वे सब
सम्मुख समूह का
वज़न तौलते हैं,
रुख देखकर
जय भीम
बोलते हैं,

शिक्षा-संगठन-संघर्ष
हाशिये का मन्त्र है
पर बीच में
पूरा भ्रष्ट तन्त्र है,

इस देश में
जिसे मारना हो
उसे पूज्य बना दो
पत्थर बना कर
चौराहे पर लगा दो।

मजबूरी

एक तरफ़
सदियाँ हैं
दूसरी तरफ़
सड़सठ वर्ष,

एक शख़्स की सोच ने
सदियाँ बदल डालीं,

तुम्हारे छुए बर्तनों को
अंगारों पर नहीं सेंका जाता अब
पढ़ने पर भी
नहीं डाला जाता
कानों में पिघला सीसा,

तुम्हारी महिलाएँ भी
फतुई छोड़
पहन सकती हैं
कुरती-कांचली
अब नहीं मोळी जातीं
लाख की चूड़ियाँ,

मुट्ठी-भर ज़मीं
टुकड़ा-भर आसमाँ
पाते ही कैसे
हो जाते हो उन्हीं जैसे
सदियों खड़े रहे
जिनके विरुद्ध,

विसंगतियों
विडम्बनाओं के
बीच कब तक
झूलते रहोगे,

जब कोई पुकारता है
चमार
कैसे तुम्हारे मुँह में
भर जाता है
खँखार,

वो खँखार
जिसे तुम ना
उगल सकते हो
ना
निगल सकते हो।

मार्ग

सुन पेपला!
आरी और राँपी
छीन ली
दिल्ली ने,
खाल
फैक्ट्रियों ने,
खेत भी
पश्चिमी टीले की
साजिशों का शिकार हो गये,

जीने के लिए
हवा चाहिए
पानी चाहिए
भूख की भट्ठी को
रोटी चाहिए,

तुम्हारे सामने
दो ही रास्ते हैं
तिल-तिल करके
नरक में मर जा
या फिर
लेकर मशाल
अँधेरों में उतर जा।

दलाल

सुन पेपला!
व्यक्तियों से
घर बनता है
घर से ही बनता है
समाज,

वे कौन लोग हैं जो
घर से
व्यक्तियों को
भगा रहे हैं,
समाज से
घर
बना रहे हैं।

योजनाएँ

दिल्ली में
बनती हैं तमाम
सरकारी योजनाएँ!

आज़ादी के बाद
बहुत सारी योजनाओं को
बनाया गया,
पश्चिमी टीले और
पूर्वी टीले का
फ़ासला
काग़ज़ों में
मिटाया गया,

सुन पेपला!
अपने गाँव और
दिल्ली में
बहुत दूरी है,
सरकार की भी
अपनी मजबूरी है।

फ़िक्र

पश्चिमी टीला
पढ़ने के लिए
ब्याज पर
पैसा ना देकर
अपना धर्म निभाता है,
पूर्वी टीले को
मानसिक श्रम से
बचाता है,

पश्चिमी टीले का
मास्टर भी पढ़ाई को छोड़
दूसरे कामों में
रुचि दिखाता है
कोई दूसरा मास्टर
पढ़ाये
उसे समझाता है

इन्हें तो ज़िन्दगी-भर
मज़दूरी में ही कटना
खेतों में ही खटना है,
पढ़-लिख जायेगा तो

एक दिन तुम्हें ही
आँख दिखायेगा,

पश्चिमी टीले की
ये जो
सदियों की फ़िक्र है
सुन पेपला!
क्या
तुम्हारे मोहल्ले में भी
इसका कहीं ज़िक्र है?

बदलाव

खुद से कुछ नहीं
बदलेगा
ना पश्चिमी टीला
ना पूर्वी टीला
ना पहाड़, ना जाति,

जो बदलाव की
बात करते हैं
खुद बदल जाते हैं,
अपने हित साध कर
फिर कहाँ
नज़र आते हैं,

सुन पेपला!
जातिवाद की
जड़ काटनी होगी
पश्चिमी टीले की
पकड़ को
करनी होगी ढीली,
गाँव बदलने
के लिए
बदलनी होगी
दिल्ली।

शिकार

इस देश के
हर शहर में
हर गाँव में है
पूर्वी टीला
पश्चिमी टीला,

सदियों से—
पूर्वी टीला
कमा रहा है
पश्चिमी टीला
खा रहा है,

सुन पेपला!
जब तक
पश्चिमी टीला
निर्णायक की
स्थिति में रहेगा
ना कुछ बदला है
ना ही बदलेगा,

उनके भीतर एक

धूर्त मक्कार
भेड़िया
पलता है
जो शिकार पर
निकलता है,
तुम्हारे मोहल्ले में
घूमते हुए
उनके भीतर
का भेड़िया
लगाता है घात
उसकी आँखों में
उतर आता है
वहशीपन
नथुने फूलने लगते हैं
मादा गन्ध से,

तुम लाचारी से
निर्दोष बुलबुलों को
इस तरह बचाते हो,
बूढ़े जर्जर पिंजरों में
उम्र-भर के लिए
बाँध आते हो।

डर

सुन पेपला!
तुम्हारी नियति में
सदियों से क्या
भेड़ियों का
शिकार होना ही
लिखा है,

आख़िर कब तक
डरते रहोगे,
रोटी के लिए ही
मरते रहोगे,

दरअसल जो
भय को रचता है
वो ख़ुद
डरा हुआ होता है,

इसीलिए
वो डरते हैं
आरक्षण की
छोटी-सी चिनगारी से,

वो जानते हैं
पश्चिमी टीले के
आलीशान महल
तरक्की की
नींव में तुम हो,
तुम्हारे भीतर
बारूद भरा है,
तो डरते हैं
जिस दिन ये
चिनगारी
बारूद तक जायेगी
ये महल, तरक्की
धरी रह जायेगी।

पत्थर

सुन पेपला!
ख़ुद से कुछ बदला है
आज तक,

ना धरा बदली
ना धर्म बदले
ना ग़रीबी बदली
ना जीवन का
संघर्ष बदला
पीढ़ियाँ पैदा होती रहीं
ग़ुलामों की,

जानवरों की तरह कमाना
फिर भी नहीं मिला
भरपेट खाना,
ना कपड़े, ना पैसा
अभावों, ना-उम्मीदी का
ये जीवन कैसा,

सुन पेपला!
तू लाचार है,

क्यूँकि
तू चमार है,

तेरे हालात के मूल में
नहीं हैं तेरे कर्म
एक गहरी साजिश है
जिसका नाम है धर्म,

सदियों से
जिन पत्थरों से
तू बँधा है
सबको
ढहा दे,
उनको
अपने घर की नींव में
लगा दे।

जगह

सुन पेपला!
सदियाँ बदलीं
पीढ़ी-दर-पीढ़ी,
बदलते रहे लोग
ये कैसा
षड्यन्त्र है जो
हालात को
जस-का-तस
बनाये हुए है,

सुन पेपला!
तुम्हारी दुर्गति की
जो भी वजह है,
उसे बदलने की
दिल्ली ही
एक जगह है।

आख़िर कब तक

सुन पेपला!
तुम्हारे वोट पर
कौन रख देता है
कड़कते हुए नोट,
कौन मतदान से पहले
तुम्हारी रगों में
उतार देता है
लाल पानी,
तुम्हारे ही वोटों से
चुनकर जो
दिल्ली जाता है
वो फिर लौटकर
कहाँ आता है,

सुना है दिल्ली में
तोंद बढ़ने की
महामारी है
जिससे ध्यान
ऊपर ही जाता है
नीचे का कुछ भी
नज़र नहीं आता है,

सुन पेपला!
युद्ध को जीतने के लिए
रणक्षेत्र में
उतरना ज़रूरी है
युद्ध के लिए हथियार
ज़रूरी नहीं होते
अम्बेडकर के हाथों में
कौन-सी बन्दूक़ थी
विचारों का
बारूद ही था,

सुन पेपला!
तू भी अपने भीतर
बारूद भर ले
और
दिल्ली में जा कर
फट जा
मर जा
ये सदियों की
सड़ाँध
सारी दिल्ली में
कर जा।

□□